ORGANISATION RÉPUBLICAINE

DE

LA PRESSE OFFICIELLE.

COMMUNICATION

AU COMITÉ DE L'INTÉRIEUR DE L'ASSEMBLÉE NATIONALE,

A L'APPUI

DE LA PROPOSITION DU CITOYEN MONTROL,

REPRÉSENTANT DU PEUPLE,

Par le citoyen JULES LECHEVALIER,

RÉDACTEUR EN CHEF ET PROPRIÉTAIRE-GÉRANT DE LA **REVUE DU PROGRÈS SOCIAL**, EN 1834;
RÉDACTEUR EN CHEF ET PROPRIÉTAIRE-GÉRANT DU **JOURNAL DE PARIS**, EN 1837 ET 1838;

Auteur des ouvrages suivants:

ÉTUDES SUR LA SCIENCE SOCIALE, 1832-33.
VUES POLITIQUES SUR LES INTÉRÊTS MORAUX ET MATÉRIELS DE LA FRANCE, 1837-38;
DE L'AVENIR DE LA MONARCHIE REPRÉSENTATIVE EN FRANCE, 1845.

> L'organisation de la presse publique, ou la
> réforme du journalisme corrompu, constitue
> le point de départ nécessaire de toute tentative
> de gouvernement dans l'ordre moral; et l'on
> sait que c'est le rétablissement de l'ordre moral
> qui déterminera le rétablissement de l'ordre
> matériel.
>
> PRÉFACE DES VUES POLITIQUES, p. 12.

PARIS,

IMPRIMERIE DE BEAULÉ ET MAIGNAND, RUE JACQUES DE BROSSE, 8.

1848

Aux Citoyens Représentants, Membres du Comité de l'Intérieur

DE L'ASSEMBLÉE NATIONALE.

CITOYENS REPRÉSENTANTS,

Une proposition vous est soumise par un de vos honorables collègues, le citoyen Montrol, à l'effet de donner au Gouvernement de la République le moyen d'agir régulièrement, par la voie de la presse, pour diriger la conscience des citoyens et leur fournir des informations exactes, pures de tout esprit de parti et de spéculation sur l'ensemble des intérêts et des affaires du pays.

Je suis convaincu depuis longtemps que la presse, livrée exclusivement à l'exploitation de l'industrie privée ou aux ardeurs de l'ambition personnelle, ne remplit ni convenablement ni complètement une si haute mission.

Je suis convaincu, d'autre part, que la connivence occulte avec la presse est à la fois la honte et la perte assurée de tout gouvernement, qu'elle entraîne inévitablement la perversion de la conscience publique, et qu'elle est essentiellement contraire à tous les principes, à tous les devoirs.

La République serait donc condamnée, sous ce rapport, à une inertie qui la perdrait, si son gouvernement ne se décide, dès l'origine et avant tout mauvais précédent, à une initiative énergique. Mais, d'autre part, une expérience personnelle, aussi pénible pour moi dans ses conséquences qu'elle a été persévérante et dévouée dans son principe, m'a démontré qu'aucune mesure n'était plus difficile à réaliser, et ne trouverait plus d'obstacles dans les intérêts établis et dans de funestes traditions.

Ces obstacles ne sont pas les mêmes pour la République, je l'espère, CITOYENS REPRÉSENTANTS; et, dans le but d'aider à l'œuvre vraiment essentielle dont vous vous occupez, je viens vous soumettre deux pièces qui me semblent pouvoir être consultées avec fruit.

La première est un extrait d'une lettre que j'ai eu occasion d'adresser, en 1836, à un des hommes d'État les plus éminents de l'ancien gouvernement.

La deuxième est la reproduction d'un mémoire que j'ai écrit sur cette question de la presse officielle, et qui a été publié, au mois d'avril 1834, dans la *Revue du Progrès social*, recueil que j'avais fondé précisément pour réformer l'abus des connivences occultes du journalisme avec le Pouvoir.

Cet abus m'avait paru le ver rongeur du gouvernement de 1830. Il était encore temps, en 1844, de lui conseiller, pour le bien, une action énergique qui, en le maintenant dans la ligne du devoir, l'aurait préservé de sa perte.

Je me suis dévoué à cette œuvre, et, de 1834 à 1838, j'ai fait des efforts constants pour vaincre la résistance que j'avais éprouvée dès le début, et dont vous trouverez la preuve dans la pièce n° 1.

J'ai succombé dans la lutte, emportant la triste démonstration de l'impuissance et de la faiblesse de tous pour réaliser ce que tous avaient compris, pour secouer le joug que tous avaient porté. Dès 1838, en brisant ma plume de journaliste, j'ai pu prévoir et prédire, comme un fait inévitable, à moins d'un changement complet de conduite, la terrible expiation qui s'est accomplie le 24 février.

Cette pensée de l'organisation d'une presse officielle, qui, pour la République est le corrollaire obligé de la gratuité de l'enseignement, je viens attester qu'elle a trouvé sympathie et même conviction déjà établie dans les plus grands esprits : Ballanche, Lamartine, Victor Hugo ; je viens attester qu'elle a été acceptée et même reconnue, comme une nécessité publique, par la plupart des hommes d'Etat qui ont tenu les affaires, sous le dernier gouvernement.

Malheureusement ils se sont tous bornés à dire : « *Video meliora proboque, sed deteriora sequor*. Je vois le bien, et ne fais que le mal. » Ils ont d'abord subi le mal ; ils ont fini par s'y habituer, et par ériger la corruption et la violence en système.

Si les hommes d'Etat de la République montrent la même faiblesse, ils auront le même sort et la République avec eux...

Quant à moi, soldat malheureux de la vérité et de la patrie, après avoir été condamné par tous les médecins de la faculté constitutionnelle à périr pour le crime d'obstination dans l'utopie, je remercie Dieu de m'avoir fait survivre à trois naufrages, et de me laisser encore le cœur assez pur et la conscience assez libre pour dire, humblement mais fermement, à ceux qui commencent, ce qu'ils doivent faire, s'ils ne veulent pas mal finir.

Et j'ose les supplier de ne voir dans ces paroles aucun orgueil personnel, mais l'expression envers la République, — envers la République DÉMOCRATIQUE ET SOCIALE, c'est-à-dire *universellement prévoyante pour l'universalité des citoyens dans l'universalité de leurs devoirs et de leurs intérêts*, — de ce dévouement à notre sainte patrie, à la patrie des grandes idées et des grands devoirs, qu'un autre régime beaucoup moins sympathique à mes croyances avait trouvé, chez moi, à l'épreuve de toutes les abnégations.

Agréez, CITOYENS REPRÉSENTANTS, mes salutations fraternelles,

JULES LECHEVALIER.

Paris, 25 juillet 1848.

Extrait d'une lettre écrite à un ministre du gouvernement de Louis-Philippe,

10 février 1836.

« Au premier sentiment que j'ai eu de l'obstacle (1) élevé entre le ministre de l'instruction publique de France et un jeune homme qui n'a encore d'autre valeur, auprès des hommes soi-disant positifs, que de passer pour un rêveur, j'ai reconnu qu'il y aurait de ma part une indiscrétion coupable à vous susciter des embarras. Mais la nature même de cet obstacle m'a révélé immédiatement l'impossibilité absolue où je me trouverais de faire un pas en avant dans la carrière que je me suis tracée, si je cédais sur un point qui touche, non aux choses accessoires, mais aux choses principales de ma conviction, au véritable noyau générateur de toutes les institutions sociales qui me paraissent devoir être préparées pour l'avenir.

» Si vous avez lu seulement quelques lignes écrites de ma main, vous savez, Monsieur, que, parfaitement convaincu de l'excellence relative de la monarchie constitutionnelle héréditaire comme forme politique, j'ai au fond du cœur une conviction plus solide encore. Cette conviction, c'est que la monarchie (je dis aujourd'hui : la Répfblique) est insuffisante pour le bonheur et même pour le repos des sociétés, si elle n'arrive à régler l'organisation des grands faits sociaux, comme elle s'applique aujourd'hui en France, et grâces à vos efforts, au réglement des faits politiques.

» La monarchie constitutionnelle (je dis aujourd'hui : la Répfblique) ne sera point mattresse de la société, tant qu'elle n'aura pas moyen de contrebalancer les deux principales forces de l'association humaine, laissées aujourd'hui à l'état de liberté anarchique, je veux dire la presse et la banque ou la bourse. S'il n'est pas un sacerdoce, le pouvoir doit être du moins un commandement; or, il n'est plus qu'un service irrégulier et impuissant, lorsqu'il est exposé à subir la loi des journalistes et des banquiers. Une telle influence, occulte, irresponsable, sans conditions légales, ne saurait être acceptée comme un pouvoir légitime, mais seulement comme une nécessité accidentelle, comme un fait transitoire. Le travail de développement qui reste à faire pour l'avenir de la monarchie constitutionnelle (je dis aujourd'hui : de la Répfblique), c'est donc d'assurer la prédominance de l'autorité légitime et légale sur ces deux forces irrégulières. A mon avis, il faut commencer par la presse : 1° parce que la presse est la force morale, et que rien de sérieux ni de durable ne s'organise qu'au nom des principes; 2° parce que, dans l'état actuel de la majorité effective du pays, il est moins difficile de faire servir l'égoïsme qui défend les intérêts matériels à l'organisation du nouveau pouvoir spirituel, que d'aborder directement, au nom des principes moraux, la solution des grandes questions financières et administratives.

---

(1) L'obstacle indiqué ici provenait de la presse subventionnée et de certains intérêts financiers. Ces *influences abusives* avaient intimé l'ordre de couper court aux velléités de constituer une presse officielle. J'affirme qu'il ne s'agit point de présomptions ni de conjectures, mais d'un *fait*.

» En d'autres termes, il sera plus facile d'obtenir d'un parlement constitutionnel le droit et le moyen de constituer un grand service d'enseignement social et de publicité, que de se rendre maître du mouvement financier en organisant les banques et la circulation d'après le principe d'unité administrative.

» Ces vues peuvent être hasardées ou même fausses; mais enfin j'y ai foi, et c'est l'espérance de les voir se réaliser un jour qui m'a donné le courage de supporter tous les obstacles que j'ai eus à subir jusqu'ici.

» Dans cette voie, je ne pouvais à aucun prix renoncer à la faculté de dire quelquefois des vérités fort dures à la presse en général, et particulièrement à cette fraction de la presse qui sert le pouvoir sans mission avouée, et qui traite, en corsaire, des conditions de ce service.

. . . .

. . . .

» Cette nouvelle position m'éloigne encore de vous, Monsieur, car plus que jamais il deviendra nécessaire d'attaquer la presse mercantile et de montrer qu'ennemis ou alliés du Gouvernement, les courtiers-marrons de la publicité ne sont que des agents d'intrigue et d'usurpation. Plus que jamais il est temps de faire comprendre aux citoyens que, sans l'autorité morale d'un enseignement quotidien, le pouvoir sera toujours impuissant à lutter contre l'opposition et ne s'exercera qu'à des conditions peu avantageuses pour sa dignité et son indépendance. »

DE LA PRESSE PÉRIODIQUE

ET

Des moyens de régler son action.

(Extrait de la **Revue du Progrès social**, livraison d'avril 1834).

Depuis la découverte de l'imprimerie et surtout depuis le développement de la presse périodique, un nouveau pouvoir existe dans la société. Comme il arrive de tous les faits de première occupation, on a subi son influence, on a reconnu sa légitimité, avant même de se rendre compte de ses titres et de ses moyens d'action. Le temps est venu, selon nous, d'étudier les effets de cet instrument de communication intellectuelle sur le progrès et la diffusion des lumières, de rechercher les conditions d'un système normal de publicité, et de voir si, sur ce point, le travail libre le la réflexion ne doit rien ajouter au développement spontané et instinctif des institutions sociales. En allant au fond de ces graves questions, peut-être arriverons-nous à reconnaître que l'imperfection actuelle de la presse vient précisément de ce qu'au lieu d'être une *institution*, elle n'a été jusqu'ici qu'un *moteur* irrégulier, aveugle et irresponsable dans son action, une industrie mal organisée. Toutefois, et avant tout, il importe de fixer nos idées sur les droits de la pensée humaine, et de déterminer la valeur du travail intellectuel dans le mouvement social.

C'est par la volonté et l'intelligence que l'homme est un être sociable. Le droit de manifester sa volonté et son intelligence est donc identique au droit de *vie sauve*, qui est la condition première de toute agrégation civile. Communiquer son opinion, c'est-à-dire ses idées, ses désirs, ses sentiments, c'est rendre témoignage de son existence sociale. En ce sens, le droit de parler ou d'écrire dérive du droit de penser; et, comme nous l'avons dit, le droit de penser pour l'homme, c'est sa vie même. Ainsi l'établissement de la presse périodique n'a pas introduit un droit de plus dans les sociétés : la presse n'a été qu'un instrument nouveau, multipliant la parole et l'écriture pour la défense et la conquête de ce droit éternel qui résume tous les autres, la liberté.

Mais la liberté humaine n'est pas quelque chose d'arbitraire et d'indéterminé, l'expression telle quelle de la volonté d'individus créés au hasard, réunis en société par occasion, organisés, tous et chacun, suivant des lois différentes. La liberté humaine a un but fixe et positif : l'harmonie avec l'ordre général de la création, la découverte du vrai et la pratique du bien. La liberté humaine, en même temps qu'elle se propose le bonheur de l'individu, s'exerce dans l'intérêt d'une espèce et suivant des lois préétablies qui lui assignent pour résultat, la justice et la vérité. Savoir et pouvoir, connaître le but et les moyens de la vie individuelle et sociale, y coordonner ses actes, n'est pas le lot commun de *tout homme venant au monde*. Car si tous les hommes instinctivement et implicitement portent en eux-mêmes la conscience des lois de leur nature, ils n'arrivent pas tous à la fois, et en même temps, à la notion explicite de ces lois, et surtout à leur application pratique. Il y a dans la famille des enfants inexpérimentés, des pères et mères façonnés à la vie; il y a, dans la société générale, des premiers et des derniers, des savants et des ignorants, des hommes de bien et des hommes égarés, des hommes qui cherchent, qui trouvent et qui, une fois parvenus à la certitude, appellent leurs semblables et leur enseignent *la voie, la vérité, la vie*. En d'autres termes, le mouvement social est subordonné à l'action de la pensée; la pensée elle-même se développe graduellement et s'élève de l'état de *conception individuelle* à l'état de *croyance générale*; l'humanité est *éducable*, et, dans son éducation séculaire, elle s'assimile peu à peu les résultats de l'élaboration intellectuelle.

Le mouvement de la pensée, à son tour, suppose deux choses, la conservation de ce qui est acquis, l'administration de ce produit séculaire dont l'accumulation forme le capital intellectuel du genre humain, et, de plus, l'accroissement et l'amélioration du fonds commun par une culture assidue. La tradition et le progrès des idées : voilà la loi du mouvement intellectuel.

De là il résulte que la pensée et la presse,

qui en est l'organe, ne sont vraiment libres que là où tous les efforts de la prévoyance sociale et de la prévoyance individuelle se réunissent pour favoriser la tradition, la production et la diffusion des idées ; là où toutes les voies sont ouvertes pour la manifestation du vrai et du bien.

C'est à ce point de vue qu'il faut se placer pour reconnaître : 1° S'il existe, dans notre société, une presse normalement constituée, c'est-à-dire où tout soit prévu et ordonné pour trouver, propager et transmettre la vérité ; 2° si, aux conditions actuelles de la publicité, un tel système organisé et mis en activité aurait égalité de chances avec les autres écrits périodiques ; 3° si enfin le gouvernement, qui représente la prévoyance sociale, la majorité effective du corps civil, et par conséquent l'intérêt de conservation et même d'innovation utile en matière d'idées, possède les moyens de répandre, par la presse, sa pensée et sa loi ; de diriger l'éducation morale des citoyens ; de lutter contre l'erreur, lorsqu'elle se développe ; d'accepter la vérité et le progrès, lorsque la science produit des vues d'amélioration efficaces et positives.

Nous ne doutons pas que les discussions qui ont eu lieu pendant la Restauration sur la liberté de la presse n'eussent pris une toute autre allure si, dès lors, on se fût enquis de toutes ces choses. Mais les meilleurs esprits de l'opposition, ceux qui, de l'amalgame des principes négateurs du libéralisme avec le dogme absolu de la légitimité par droit de naissance, essayaient de composer, tant bien que mal, une doctrine constitutionnelle, passèrent à côté de la question de fond. Convaincus, et avec raison, qu'ils avaient le bon droit, ils se servirent, pour le faire triompher, de l'instrument qu'ils trouvaient à leur disposition, sans trop chercher à se rendre compte de sa valeur intrinsèque. C'est ainsi que M. Royer-Collard qui, regardant à droite, avait l'œil assez clairvoyant pour reconnaître que le gouvernement se réduisait à n'être plus qu'une intrigue, ne voyait pas, regardant à gauche, que, n'était la légitimité de la cause défendue par l'opposition, celle-ci ne procédait point par de meilleures voies, et se prêtait à des combinaisons bien voisines de l'intrigue. Si M. Royer-Collard s'était occupé de faire la psycologie de la presse, nous ne voulons pas dire qu'il lui aurait vainement cherché une âme ; mais, grâce à sa haute raison et à ce sens du juste et de l'injuste dont il a souvent fait preuve, il aurait vu que, dans l'état actuel des choses, toute affaire conduite par la presse se résout le plus souvent en intrigue, en tant qu'elle suppose l'action d'un pouvoir non avoué, exercé sans qualité,

sans titre, sans responsabilité efficace et sans contrôle régulier : intrigue menée avec une résignation douloureuse et le cœur gonflé de mépris, lorsqu'il s'agit de faire triompher une grande idée ; intrigue jalouse, tracassière, indifférente sur les moyens, lorsqu'il s'agit d'ambition et de vanité personnelle ; intrigue de bas lieu, ignoble tripotage, lorsque la presse est livrée aux entremetteurs de la prostitution intellectuelle, spéculant à la fois sur la crédulité du public, sur les besoins et les passions de l'écrivain, sur la cupidité de l'industriel, et trouvant moyen de vendre à trois acheteurs différents leur publicité frelatée.

Dans les deux discours où la question de la presse fut traitée de plus haut, lors de la célèbre discussion sur la loi de justice et d'amour, le discours de M. Molé à la chambre des pairs, et celui de M. Royer-Collard à la chambre des députés, l'argumentation reposait sur cette base philosophique, savoir, que l'esprit humain possède une affinité naturelle pour le vrai et pour le bien, et qu'à travers toutes les passions ou tous les intérêts, malgré toutes les influences, l'homme tend à la vérité et au progrès comme l'eau à son niveau et les astres à leur équilibre attractionnel. Au fond, l'argument est irréfragable, car il est certain que toute vérité finit par se faire jour : sans cette harmonie préétablie entre la raison et la nature des choses, l'existence du genre humain serait un mystère atroce. Néanmoins, si le résultat du travail intellectuel est d'avance assuré, si la découverte du vrai et du bien est la terre promise à l'humanité, les voies pour parvenir au but sont diverses, et d'ailleurs, elles ne sont pas d'avance tracées et frayées. Et, de même que l'eau pour arriver à son niveau ne trouve pas toujours un lit de sable et une pente facile, que tantôt resserrée entre les rochers, elle ne peut en sortir qu'avec la violence du torrent, que tantôt elle rencontre un espace vide transformant en cataracte son cours réglé et paisible, et tantôt un roc sans fissure où elle ne pénètre qu'en le perçant goutte à goutte ; de même notre intelligence est réduite à se faire sa voie à travers mille obstacles. Le rôle positif de la liberté consiste précisément à faciliter cette voie, à faire intervenir l'expérience séculaire de l'espèce pour guider l'individu, et la prévoyance sociale, non pour mettre des digues au fleuve, mais pour assurer la régularité de son cours et pour aménager ses eaux.

Oui, sans doute, l'intelligence humaine, ayant à opter entre la vérité et l'erreur, doit, par nature et par essence, repousser l'erreur et s'assimiler la vérité ; mais à condition qu'elle soit mise en état de choisir par l'éducation, et à condition que la vérité se présente avec des armes égales, avec des moyens égaux de publicité et de propagation, avec les mêmes *attraits* que l'erreur.

Or, si l'ascension de l'intelligence a lieu pas à pas ; si, en vertu des mêmes lois de la vie intellectuelle et sociale, le progrès de l'avenir se fait souvent par la négation du passé, il en résulte nécessairement que la vérité nouvelle sera toujours faible et opprimée par la puissance acquise, et, en quelque sorte, par la force extérieure du mécanisme qu'elle aura à vaincre. Y a-t-il donc égalité de chances contre l'erreur au nom de laquelle on tient le pouvoir, et la vérité au nom de laquelle on est conduit au martyre ?

Et, lorsque cette égalité existerait par la compensation que les nobles sympathies du cœur humain établissent en faveur des martyrs et des opprimés, ne trouvons-nous pas une raison prépondérante qui, dans l'état actuel de notre société, tend à faire pencher la balance du côté des passions et des intérêts, puisque la science sociale n'a présenté jusqu'ici comme expression de la vérité que des solutions où l'individu devait se *sacrifier* au bonheur de la masse, puisque tous les préceptes législatifs ont eu pour but la compression de l'individualité ?

Dans un cas pareil, la stabilité et le progrès ne sont jamais possibles. Il y a *antinomie* entre ce qui est et ce qui doit être ; des passions puissantes sont toujours soulevées contre l'établissment social, et il existe, entre les gouvernants et les gouvernés une lutte, qu'on appelle combat pour la liberté ou défense de l'ordre, tandis qu'elle ne témoigne le plus souvent qu'un double désordre : despotisme d'un côté, de l'autre anarchie morale, et le pouvoir au concours entre ceux qui savent le mieux exploiter les passions et les intérêts.

Peut-on admettre que, dans une société ainsi désorganisée, la maxime *laissez faire et laissez passer* soit l'unique moyen d'ordre moral, surtout lorsqu'un gouvernement, en laissant tout faire, n'entreprend rien, de son côté, pour opposer un contre-poids à la cohue des intérêts contradictoires qui ne sont d'accord qu'autant qu'il s'agit de nier et de détruire ?

Et, si c'est par l'intelligence seule que l'intelligence puisse et doive être vaincue, l'ordre moral s'établit-il au moyen d'expéditions militaires et des procès en cours d'assises ou en police correctionnelle ? Non. L'ordre moral est le résultat d'une *conviction intelligente* et non d'une victoire à main armée.

Telle est donc la condition du mouvement intellectuel dans ce xixe siècle si orgueilleux de lui-même ! Pour l'idée antique et traditionnelle, la liberté d'être détruite par des négations hostiles et aveugles ; pour l'idée nouvelle, la liberté d'être méprisée et calomniée sans pouvoir se défendre contre les gros bataillons rassemblés autour de *ce qui est* ; pour l'homme le plus indigne, possédant quelques ressources pécuniaires, la liberté d'inféoder à une bannière dont il sait à peine lire l'emblème (1), ce que, par le droit nouveau de l'*annonce* et de l'*insertion payée*, il appelle l'élite des écrivains et des penseurs ; pour toutes les vues d'avenir, la liberté d'être étouffées en naissant par ceux qui en sont les ennemis naturels, par les renommées acquises qui craignent la dépossession, par les fripiers de littérature et les marchands de l'esprit d'autrui qui redoutent la dépréciation de la denrée qu'ils ont en magasin.

Ces résultats indiquent que la presse doit être étudiée sous de nouveaux rapports, et qu'on n'a pas abordé encore la vraie question, à savoir la constitution d'un pouvoir spirituel sous un régime où la pensée doit rester libre. C'est ici pourtant le plus pressant des intérêts politiques, puisqu'enfin on en est venu à avouer que le libéralisme constitutionnel, après avoir tant promis, n'a pas donné autre chose que la dissolution complète de tout ordre moral, et qu'il a livré la société à l'intrigue et au mercantilisme.

Nous allons essayer de montrer qu'il est possible de retourner à la presse toutes les accusations dont elle s'est servie pour ruiner les autres pouvoirs, et, en même temps, nous jetérons les bases du travail de *contre-mine* qui nous paraît devoir être exécuté pour détruire l'influence illégitime qu'elle s'est acquise sur l'esprit des peuples. — Étudions-la d'abord comme moyen de publicité et de communication intellectuelle.

§ Ier. *De la presse comme instrument de communication intellectuelle.*

Nous ne saurions trop répéter que ce n'est point la publicité et la presse que nous prétendons incriminer. Ce qu'on a dit de la langue, qu'elle était à la fois la meilleure et la pire chose du monde, s'applique exactement à

1) Le régime des restrictions fiscales a, en effet, ce singulier résultat de rendre inutile, pour l'exercice du ministère de la presse, toute condition d'éducation préalable ; en sorte que l'on pourra trouver quelque jour écrits au bas d'une feuille périodique ces mots burlesques : *Et ne sachant signer, le rédacteur en chef, gérant responsable, a fait une croix !*

la presse : c'est le plus puissant mécanisme que le génie humain ait à sa disposition pour faire le bien comme pour faire le mal. Toute la question de fond se rapporte aux motifs qui mettent en œuvre le grand lévier, et à la pensée morale qui en dirige l'action.

L'introduction de la presse périodique dans les sociétés est un fait d'une telle portée, qu'on peut hardiment s'en servir pour tracer la démarcation la plus tranchée à établir entre l'antiquité et les temps modernes.

La société antique, dépourvue de moyens actifs et faciles de communication intellectuelle, bornée à l'écriture graphique, laquelle n'était encore que le privilége d'un petit nombre de lettrés, s'appuyait principalement sur la tradition *orale*. La tradition orale passait du père aux enfants, du prêtre aux initiés, brève, grave, impérieuse, précise. La pensée était encadrée dans des formules sacramentelles : elle ne circulait pas, on la thésaurisait. Celui qui la possédait, la conservait comme chose rare, et ne la livrait qu'à grand'peine. On sentait bien que, le lien de transmission une fois rompu, la société perdait ses titres de famille et son capital intellectuel. Autorité, réserve austère, circonspection et prévoyance, telles étaient les mœurs antiques sous le rapport de la vie spirituelle. Alors florissait si l'on peut dire ainsi, la religion de la pensée, religion occulte, malheureusement, et mystérieuse.

La découverte de l'imprimerie est venu changer la face des choses. La parole fixée et matérialisée a pris possession libre de l'espace et du temps : certaine de sa durée, elle a perdu la prévoyance. Les livres de gros format se sont montrés d'abord ; mais, après avoir descendu graduellement de l'in-folio à l'in-12, leur influence a fait place à celle de la publication à période diurne. Dès lors, à l'esprit de réserve et de discrétion, l'esprit de propagande ; au mystère, la publicité ; à la fixité rigide de la parole antique, une mobilité inconséquente ; au silence des disciples de Pythagore, la loquacité des assemblées délibérantes ; à la pensée de l'éternité, la vie au jour le jour ; à la longanimité du labeur, l'improvisation quotidienne ; au sacerdoce, le journalisme. Dès lors est né le commerce de la pensée.

Dans son admirable *Essai sur les Institutions sociales*, M. Ballanche a parfaitement compris ce passage de la société *stationnaire* à la société *mobile*, tout comme il a pressenti une époque palingénésique, compréhensive des deux formes sociales précédentes, et où le développement et la communication des idées suivraient une voie de progrès graduel. C'est le sentiment de cette révolution morale qui a produit, dans le clergé, l'hostilité qu'il a toujours montrée contre la presse : il comprenait que les conditions d'existence du pouvoir spirituel allaient changer.

Il ne faut pas contester les nombreux avantages attachés à l'action quotidienne de la presse.

Le journal est l'encyclopédie militante de la pensée humaine ; c'est une correspondance universelle qui, chaque matin, nous tient au courant du mouvement des faits, des idées et des intérêts sur tous les points du globe ; c'est le lien le plus actif qui lie l'homme à l'humanité. Par là s'efface tout ce que nous avons d'étroit et d'exclusif dans le cœur et dans l'intelligence. La vie locale devient cosmopolite ; l'esprit, soumis à cette éducation continue, s'encyclopédise et s'étend en s'alimentant, chaque jour, des nouvelles productions du travail intellectuel. Phénomène bien digne d'attention ! La presse suit dans sa révolution diurne le même mouvement que le rituel de l'Eglise avait établi. Nous avons Messe et Vêpres, journaux du matin et journaux du soir ; et la nuée de feuilles secondaires qui viennent nous surprendre partout où nous nous trouvons, en voiture, aux spectacles, à la promenade, au bain, nous tient bien lieu, je pense, d'*Angelus* et de *Matines*, de *Sixte*, de *Nones* et de *Complies*. Seulement, au lieu de la répétition éternelle d'une même liturgie, la presse nous donne des *nouvelles* et des *articles ;* au lieu du dogme fixe, absolu et impérieux de l'Eglise, nous entendons un chaos d'opinions diverses et contradictoires. Autre différence, et cette fois la supériorité est du côté de la presse, le journalisme, c'est l'Eglise à domicile ; sacerdoce importun, ou, si l'on veut, empressé, qui vient chercher le fidèle et se met à toute heure à sa disposition. Enfin, si l'Eglise comprimait énergiquement la liberté de l'individu par ses mystères et son orthodoxie implacable, la presse développe outre mesure la personnalité, et substitue au mystère le cynisme impudique de la publicité ; à l'orthodoxie, l'anarchie intellectuelle et le droit donné à tous, de tout détruire et de dogmatiser sur tout : droit de révolte et de négation qui engendre mille erreurs pour une vérité utile, et qui, pour un publiciste de bonne foi et un grand citoyen, entretient et nourrit des légions d'avocats tracassiers et chicaneurs, prêtres sans foi, sans mission, sans idées, tartuffes de philanthropie et de dévouement ; clergé anonyme qui ne connait ni séminaire, ni grade, ni consécration, ni hiérarchie, et qui fait à tout ce qui entrave son commerce, à tout ce qui contrarie son ambition, la guerre des brigands et des pirates, une guerre sans droit des gens.

A côté des avantages, nous trouvons ici de bien grands inconvénients. Ces inconvénients sont déplorés par tous les hommes honorables qui travaillent dans la presse et qui sont bien forcés de se servir du seul instrument qui soit à leur disposition ; personne ne blâmera donc la sévérité dont nous usons pour faire sentir l'énormité du mal. Ce mal ne vient pas des hommes, mais du lieu dans lequel ils vivent et agissent.

Les abus les plus funestes qui soient résultés de la première éruption de la presse, sont sans contredit le mercantilisme et l'inefficacité de la responsabilité morale de l'écrivain. Dès qu'il a été permis à tout homme de prendre la parole dans la société, dès que l'individu isolé a pu se donner *incognito* une mission politique ou religieuse, il a fallu nécessairement que, ne recevant pas un émolument régulier et n'appartenant point à un corps, il demandât sa gloire à l'intrigue et son salaire au commerce. La pensée est devenue une marchandise, et l'art un métier; l'artiste, sorti du temple, est tombé dans la boutique. Par là toutes les relations se sont trouvées interverties.

Le publiciste, au lieu de gouverner lui même sa pensée, s'est montré l'esclave soumis des actionnaires et des gérants industriels, ou bien, quand il a voulu conserver la dignité de la science, il a dû se renfermer avec elle dans la solitude et la pauvreté; le journaliste, au lieu de diriger l'opinion, a dû *servir* ses abonnés et ses patrons; le savant n'a plus été qu'un instrument de travail entre les mains des négociants et des agioteurs. Ce n'est plus la librairie qui s'est mise au service de la pensée, c'est la pensée qui s'est déclarée la très humble servante du commerce de la librairie, en sorte que la direction du mouvement intellectuel se trouve aujourd'hui entre les mains de gens inhabiles à apprécier la valeur des idées, et que les idées elles-mêmes sont frappées de discrédit, en raison directe de leur grandeur et de leur nouveauté. Car, par cela même que la pensée est une marchandise dont l'acheteur est le juge, toutes les découvertes importantes qui ne sont que des enjambées audacieuses du présent sur l'avenir n'ont point de valeur sur le marché, puisqu'elles ne sont pas connues, puisqu'il faut presque du génie pour en pressentir le succès et qu'elles sont à la portée de quelques hommes d'élite seulement. Aussi le champ du travail intellectuel présente-t-il un travail à peu près analogue à la *féodalité*, féodalité où le talent est en servage au profit du commerce: féodalité où la ruse remplace la violence, où l'intrigue dérobe les honneurs au mérite, ou plutôt il n'y a ni rang, ni classes, ni distinction, sinon l'abîme qui sépare celui qui paie de celui qui est payé.

Ici la honte et le blâme ne reviennent pas aux hommes qui usent sans y entendre malice du privilège dont le hasard les a dotés ; le blâme est pour ceux qui connaissent le mal et le subissent sans avoir le courage d'y porter remède; la honte est pour ceux qui ne s'aperçoivent pas de leur asservissement et se laissent distraire par des querelles d'enfant, tandis que les *renards* profitent de leurs petites passions pour les exploiter.

Dans la presse surtout, on sent les inconvénients de ce pêle-mêle anarchique où tout est *indéterminé*, où l'on ne connaît aucun mode légal ou légitime d'appréciation et de dépréciation, où par conséquent l'usurpation est le seul moyen d'acquérir. Comment s'étonner après cela que nos mœurs soient corrompues, prétentieuses, mensongères, et que la sincérité ne soit plus qu'un ridicule ou une maladresse, un métier de dupe, comme on dit; à moins d'être le calcul intrépide de l'homme qui se sent assez fort pour traverser la vie sans masque et le front découvert!

Ce n'est pas sur le sentiment moral seulement qu'agissent ces principes délétères et désorganisateurs, l'intelligence la plus ferme perd son aplomb et son équilibre au milieu de la discordance tumultueuse des opinions. Plaçons un homme dans un des temples de la liberté d'écrire et de penser, entouré de cent journaux qui sur chaque fait émettent cent interprétations différentes, sur chaque livre, sur chaque doctrine cent jugements contradictoires; il faudra que cet homme soit doué d'une raison supérieure pour que sa conscience soutienne un pareil assaut sans y succomber. Aussi, qu'arrive-t-il? Les uns s'abîment dans une neutralité impassible, d'autres tombent dans le scepticisme, ou arrivent au fond de dégradation morale, au mépris de l'intelligence et de la raison; le plus grand nombre se résignent et finissent par ne plus reconnaître, pour opiner dans un sens ou dans un autre, qu'un *criterium* infaillible, l'intérêt de leur fortune ou de leur amour propre.

N'oublions pas non plus l'invention toute philanthropique et toute charitable des *annonces sans contrôle* et des *insertions payées*. Philanthropie nourricière et féconde de gros revenus pour ceux qui, en vue du bien de l'humanité et de la prospérité du pays, y dévouent la quatrième page de leur journal; charité qui engraisse le charlatan et qui livre le public aux plus honteuses extorsions, quelquefois même à des avanies qui exciteraient à la bouffonnerie, si elles n'inspiraient la pitié.

Liberté! liberté! sont-ce là les fruits que tu devais porter? Oh! non. L'oppression du progrès par la routine, le saint ministère de la critique, ce pouvoir judiciaire de l'intelligence, livré à l'intrigue, à l'esprit de coterie, au trafic, la pensée inféodée au commerce, ce n'est point la liberté, c'est le chaos sur lequel l'esprit doit souffler pour faire jaillir la lumière. Il faut chercher, il faut trouver des conditions d'ordre qui assurent les droits de l'intelligence et qui puissent chasser les marchands du temple.

§ II. *Des moyens de régler l'action de la presse.*

Ce que nous croyons avoir prouvé, ce n'est pas qu'il faut détruire la liberté de la pensée et de la presse ; c'est, au contraire, que la liberté de la pensée et de la presse n'existe pas, et qu'il s'agit de la constituer.

Il faut que nous tenions compte des lenteurs naturelles à l'esprit humain, des tâtonnements qui caractérisent les premiers pas de toute société nouvelle, pour ne pas être surpris et même appitoyés de la faiblesse de tout ce qui a été dit et fait jusqu'ici sur ce sujet. Contre tous les désordres enfantés par l'anarchie intellectuelle, on n'a trouvé que le timbre, le cautionnement, la police correctionnelle, et, à la rigueur, la Cour d'assises. A tous ceux qui se plaignent de voir la vie privée des hommes éminents livrée « aux chiens et aux vautours, » leurs actes calomniés, leurs noms souillés de toutes les injures, on répond avec bénignité que la presse est comme la lance d'Achille, qu'elle guérit elle-même toutes les blessures qu'elle fait, que le remède est à côté du mal. Ah! oui, bien à côté, car il ne touchera jamais au mal.

Au reste, comme les hommes sont toujours plus conséquents et plus droits que les mauvais principes, l'on a eu beau affirmer la liberté anarchique, le *laissez faire, laissez passer*, l'on a pratiqué le despotisme ; et la presse a toujours été réglementée. Seulement cette réglementation indécise et indirecte se trouve être fort désavantageuse aux droits de la pensée et aux intérêts du pouvoir. A cet égard, il y a deux systèmes dans le procédé réglementaire : la *prévention* et la *répression*. Renonçons à cette subtilité. Tout ce qui détruit le mal comme *effet* tient de la répression ; cela seul est *préventif* qui remonte à la *cause* et qui ôte la volonté et l'intention de faire le mal, ou de s'y laisser induire. Il y a répression, antérieure ou postérieure au fait ; mais, dès que le pouvoir n'atteint le mal qu'après un commencement d'exécution, et qu'il l'atteint par une *césure*, par une amputation chirurgicale, il ne prévient pas, il réprime. Ainsi la *censure* n'a jamais été un moyen d'ordre contre la licence de la presse ; elle n'a été et n'a pu être qu'un préservatif irritant. Les passions et les convictions ne se détruisent pas à coups de ciseaux ; elles se transforment par la force morale et par l'autorité de la raison, sinon c'est la force matérielle qui décide. Or, un acte de censure n'est pas un acte de force bien efficace ; c'est seulement une provocation qui a toujours pour effet de faire quitter la plume pour prendre le fusil. Alors le gouvernement et les partis descendent dans la rue, et l'arme de la répression change de mains. Elle passe de ceux qui sont usés par l'anarchie à ceux qui ne le sont pas encore, de ceux qui ont été une fois impuissants contre le désordre à ceux qui vont épuiser leur force à ce combat funeste.

A vrai-dire même, l'acte de violence intellectuelle, dit *censure*, n'a jamais mérité qu'un tout autre nom. Dans un gouvernement où les intérêts généraux se débattent à la face du pays et où l'opinion nationale est prise pour arbitre, il faudrait entendre par censure, non pas une suppression de pièces et une sorte de faux en écriture publique, mais un jugement officiel, prononcé au nom du pouvoir sur la valeur de tel fait, de tel acte, de telle idée, de telle publication. En ce sens, il n'a jamais existé de véritable censure, et elle ne sera possible qu'au moment où le gouvernement aura conscience assez énergique de sa mission sociale pour oser dire solennellement, aux hommes, le *bien* et le *mal* sur toutes les choses de la vie civile et politique. Encore une fois, ceci ne se fait pas avec des ciseaux et en étouffant les voix qui réclament à tort ou à raison. Ceci se fera, en opposant à publicité publicité et demi, et en luttant par la parole consacrée du pouvoir contre les clameurs de l'ignorance et de l'esprit de parti ; ceci aura lieu lorsque la presse gouvernementale sera dirigée et réglée comme une *institution* et non comme une succursale de la police ; ceci aura lieu surtout lorsque la loi aura *raison*, et lorsqu'on ne croira plus avoir terminé les crises politiques en disant : *force est restée à la loi.*

Ce qu'on a appelé censure jusqu'ici n'entre donc pour rien dans les moyens dont nous désirerions l'application.

Nous en dirons autant du *timbre* et du *cautionnement*. Ce n'est point sans doute comme impôts avantageux au fisc et comme ressources financières que ces mesures ont été adoptées : mieux vaudrait encore spéculer sur les jeux et la loterie que sur l'exploitation de l'opinion publique. Il est évident, en effet, que plus on rendra difficiles les conditions industrielles de la presse, plus on aggravera le mercantilisme qui est la cause primitive de tous ses abus. La propriété est sans doute une bonne garantie du lien qui unit l'intérêt d'un citoyen à la conservation de l'état, mais ce n'est pas une garantie de son talent, de sa conviction, de sa force d'âme, de son autorité morale; toutes choses qui sont les conditions essentielles de la fonction de journaliste. Or, avouons que c'est un étrange réglement, que celui qui admettrait Vidocq à la direction d'un journal, et en excluerait l'abbé de Lamennais, parce que celui-ci ne ferait pas preuve de posséder 1,500 fr. de rentes sur le Trésor public. Je sais bien que, dans la réalité, les choses ne se passent pas ainsi, du moins quant aux apparences; mais, pour assurer la responsabilité, tout dépend du titre de consécration. C'est en matière sociale surtout qu'il faut tenir compte de la forme. N'oublions pas que le grand vice de notre état actuel est l'absence d'ordre moral, et que ce défaut d'ordre moral tient lui-même à ce que la société, régie par les forces *occultes* de la coterie et de l'intrigue, obéit à des devoirs indéterminés et dépourvus de tout caractère légal et légitime.

Autre résultat, et qui mérite selon nous la plus grave attention. — Si la liberté de la presse n'existe qu'à condition de grands capitaux, une pensée ne trouvera d'organe que lorsqu'elle représentera des intérêts industriels ou une ligue d'ambitieux, c'est-à-dire des passions égoïstes, et, comme l'égoïsme, voulant jouir à tout prix, sans délai, sans prévoyance d'avenir. Si, comme le démontre l'expérience historique, toute vérité neuve ne peut compter d'abord qu'un petit nombre d'adhérents, et surgit, le plus souvent, des classes dépourvues et souffrantes, une fiscalité exigente ferme toute issue au progrès. Si, d'après une loi historique non moins avérée, tout abus social engendre une réaction, il en résulte encore que l'abus enrichi et puissant étouffera pendant longtemps la réaction qui commencera contre lui. C'est ainsi que la presse mercantile, qui aujourd'hui fait peser sur les peuples le despotisme le plus outrageant qu'ils aient encore subi, a constamment refusé la discussion à ceux qui contestaient les titres de sa puissance (1). — L'Église excommuniait et lançait contre l'hérétique une bulle motivée; la presse étouffe et écrase sans jugement; l'Église laissait dire à Galilée : *e pur si muove*, la presse ne connaît que les oubliettes. Mais, heureusement, ce sacerdoce nouveau a appris plus promptement que l'autre à faire le commerce des indulgences.

Ainsi donc, au nom de l'ordre et de la

LIBERTÉ, NOUS REPOUSSONS TOUTE MESURE PRÉVENTIVE ET TOUTE CHARGE FISCALE IMPOSÉE A LA PRESSE. Le droit de censure n'existe plus dans notre législation; l'abolition du timbre et l'abolition du cautionnement devraient être les premiers articles d'une bonne loi sur la presse.

Hâtons-nous de dire cependant que nous admettons, comme nécessaire, une répression plus énergique encore que celle qui existe aujourd'hui pour les crimes et délits commis par voie de la presse; nous admettons aussi une loi bien plus précise et une classification de crimes et délits bien plus rigoureuse : les méfaits de la presse sont à nos yeux plus que des crimes, ce sont des *attentats sociaux*. Qu'on entoure le jugement de toutes les garanties, mais que la loi soit sévère si elle est intelligente; car, puisque l'homme est fait pour obéir à sa conscience et à sa raison, c'est aux *attentats* de la presse qu'il faut rapporter les causes premières de tous les désordres et de tous les crimes. Un mensonge sur les affaires publiques est plus coupable qu'un vol privé; la calomnie contre un homme qui tire toute sa valeur de la considération dont il jouit, est pire encore qu'une tentative d'homicide.

Mais, — comme le bien et le mal, la vertu et le vice, la vérité et l'erreur jaillissent de la même source, la pensée et la conscience; — qu'à leur source, la pensée et la conscience soient libres, libres absolument, sans conditions et sans détour !

C'est ici qu'il importe de bien développer nos principes d'organisation.

Pour maintenir l'ordre, il n'y a qu'un moyen possible, efficace et compatible avec les droits de l'intelligence, c'est l'action morale. Comment l'action morale viendra-t-elle maîtriser et régir les tendances opposées qui se partagent la société? Comment viendra-t-elle à bout des passions et de la collision des intérêts ?... Rappelons-nous d'abord qu'une partie de l'action morale appartient à la religion et que là le pouvoir n'a rien à faire; que d'ailleurs ce n'est pas à la parole et à la presse qu'il faut demander la satisfaction des intérêts industriels et des besoins physiques. Le rôle de la presse est uniquement de régler et de favoriser le développement intellectuel et moral, dans l'ordre *temporel*.

Or, il n'est pas si difficile qu'on le pense de se rendre maître de l'anarchie et d'occuper, au profit d'une féconde liberté, le domaine envahi aujourd'hui par l'esprit de parti et par la spéculation commerciale, laissant, en même temps, au progrès en toute direction l'essor le plus actif, aux plaintes, aux accusations contre le

---

(1) La guerre acharnée que la presse mercantile dirige, en ce moment même, contre les écoles socialistes n'a pas d'autres motifs. La nature même de ces motifs doit donner l'éveil aux honnêtes gens que l'on abuse, et les engager à ne rien croire sur la foi de ces journaux.

pouvoir le droit de se faire jour, en toute occasion et en tout lieu.

De quelque côté qu'on envisage les choses, le mouvement social ne peut avoir que trois termes. L'accord unanime des citoyens est une idéalité dont nous n'avons pas encore eu le spectacle sur la terre ; il est rare que les gouvernements prennent l'initiative des améliorations, avant d'y être activement provoqués ; enfin il est plus rare encore que l'action du gouvernement, allant au-delà de certains intérêts et de certaines croyances, ne froisse pas des individus, des familles et même des classes entières de la population. Donc la publicité aura toujours trois voix : la voix des intérêts actuels ou de la conservation ; la voix des réclamations et des plaintes ; la voix des prétentions et des désirs de progrès.

En fait et en droit, le gouvernement, c'est-à-dire la force de conservation, représente toujours, si ce n'est dans les époques de crise révolutionnaire, la majorité effective d'une nation.

A certains moments, même, le gouvernement représente cette force de conversation légitime d'une manière si prépondérante, que, pourvu qu'il arrive à avoir conscience de sa mission, il se trouve appelé, pour longtemps, à être à la fois l'initiateur de l'élément rétrograde et le modérateur de l'élément progressif. Telle est, selon nous, la *chance* heureuse qui se présente aujourd'hui en France ; mais cette situation n'est encore qu'une *chance*, parce que le pouvoir, harcelé de tous côtés à la défense, n'a point marché encore vers l'avenir (1).

Quoi qu'il en soit, voici le premier axiome de la politique positive : un pouvoir normal qui offre des garanties de durée doit représenter la majorité effective de la nation. A lui par conséquent le rôle principal et la plus lourde responsabilité dans l'établissement et le maintien de l'ordre ; ordre moral, bien entendu, puisque toute intervention de la force atteste une lacune dans le droit.

Eh bien ! si nous nous enquérons de quelles institutions notre gouvernement s'est entouré pour accomplir sa fonction primordiale, nous voyons autour de lui une armée formidable : force gendarmes et force canons. Mais, de quelque chose qui ressemble à une puissance morale… — Point. Car il ne saurait être question d'un seul journal avoué et reconnu, qui se borne au compte rendu des débats parlemen-

(1) Nous avions bien raison de ne voir pour le gouvernement d'alors qu'une *bonne chance* dont il n'a pas su profiter. Cette *bonne chance* est aujourd'hui tout entière du côté de la République, et nous espérons bien que la fortune de la France y restera fixée.

taires et à la publication des actes officiels ; non plus que de quelques feuilles non reconnues explicitement par le pouvoir, qui, à Paris ou en province, reçoivent, comme elles disent, les communications du gouvernement, et quelquefois désavouent elles-mêmes le titre vraiment respectable de leur mission.

Constituer un nouveau *pouvoir spirituel*, chargé en quelque sorte d'administrer l'opinion publique et de l'éclairer en tout ce qui concerne les intérêts politiques et les sentiments sociaux : telle est, n'en doutons pas, la première, la seule condition d'ordre moral. L'exercice de cette fonction peut avoir lieu par la fondation d'un enseignement régulier pour les *sciences morales et politiques*, mais surtout par l'organisation d'une PRESSE GOUVERNEMENTALE sur le même plan de circonscription que l'action administrative.

A cet égard, il n'y a plus qu'à admettre le principe ; car le modèle d'exécution est sous nos yeux dans tous ses détails. C'est l'application du mécanisme administratif à la presse ; c'est l'organisation d'un corps de fonctionnaires spécialement chargé de l'enseignement social et du service de la publicité ; une sorte de *magistrature spirituelle*, placée sous les ordres du ministre de l'instruction publique ou du président du conseil.

L'instruction publique, en effet, est au premier pas de son développement, lorsqu'elle ne s'adresse qu'à l'enfance et à l'adolescence.

Le gouvernement doit aux adultes l'instruction *sociale et politique* : il a pour premier principe d'ordre et de conservation une ACTION CONTINUE de prévoyance et d'enseignement sur l'esprit des citoyens.

Lorsqu'une institution est à la fois une dette du pouvoir, un besoin des citoyens, et une condition *sine quâ non* de paix et d'ordre moral, elle est possible, ou bien la société elle-même n'est plus possible.

Lors même qu'il faudrait une somme considérable pour organiser le *personnel* et le *matériel* du clergé social, l'armée permanente du droit et de la raison, le gouvernement doit trouver cette somme, et la trouver sans augmenter le budget. Ce ne sera, après tout, qu'un déplacement d'allocation. C'est prendre à la gendarmerie, à la guerre et à la police, pour donner à l'intelligence et à la force morale.

La force morale, c'est le droit et la raison ; l'arme irrésistible du droit et de la raison, c'est la parole, c'est la publicité. La concurrence de la presse sociale doit seule étouffer la presse anti-sociale.

On conçoit facilement que, d'un seul coup, le gouvernement puisse créer une publicité dont l'action unitaire soit à la publicité commerciale comme les télégraphes aux messageries.

Par cette publicité, qui le plus souvent devrait être *gratuite*, et dont la distribution serait réglée suivant les besoins du service, le gouvernement peut donner, mieux qu'aucune entreprise particulière, tous les objets de première nécessité dans la consommation intellectuelle : informations, nouvelles, documents précis sur les sciences, les arts, l'industrie, le commerce, etc., etc.

En créant parmi les fonctionnaires de la presse une hiérarchie administrative, en leur donnant un titre et une consécration, le gouvernement introduit le principe de l'honneur et de la gloire, là où l'*anonyme* n'indique le plus souvent que l'intérêt et l'ambition; il élève aux dignités de la puissance publique, et réhabilite, dans l'opinion, les hommes qui jusqu'ici ne pouvaient le servir qu'en luttant contre un préjugé, lequel préjugé a sa racine dans l'abus même que l'institution de la presse sociale tendrait à détruire.

Il n'y a pas à douter qu'au moment de l'organisation de ce corps avec une mission si noble et si grande, tous les hommes les plus éminents dans les sciences et dans les lettres, tous les cœurs élevés qui ne peuvent parvenir aujourd'hui que par l'intrigue et l'opposition viendraient se rallier au gouvernement et lui prêter leur appui. Le nouveau pouvoir aurait bientôt pris sur l'opinion l'ascendant qui échoit légitimement à la supériorité intellectuelle et morale.

Au moyen d'un système d'*annonces* étendu à tous les objets du travail social, de prix-courants réguliers, l'action de la publicité large, mais intelligente du bien et du mal, dirigée par un jury indépendant et inamovible, lutterait avec avantage contre la prostitution des insertions payées et admises sans contrôle, enleverait le consommateur à l'exploitation du charlatanisme, et donnerait à l'homme de talent une voie de succès digne de la noblesse de ses efforts.

La *critique* serait exercée avec responsabilité et, comme un pouvoir judiciaire, à plusieurs degrés de juridiction. Alors l'influence occulte des coteries céderait devant le droit public de la raison. L'écrivain, l'artiste, le savant, l'industriel, auraient au moins un recours contre le dénigrement concerté, contre le mensonge prémédité, et contre tous les scandales de la presse anarchique. Il y a, sur ce point, une législation nouvelle à créer, et tout une suite de graves délits, d'atteintes à la propriété et à l'honneur dont le sens moral est à peine développé dans nos mœurs. Qui niera cependant que le texte d'un livre tronqué, la dépré-

ciation non-motivée d'un ouvrage d'art ou de science, ne soient de véritables attentats contre la propriété intellectuelle? Et qui ose dire que de pareils procédés ne soient très fréquents?

Armé d'un énergique moyen de CONTRE-MINE, le pouvoir peut laisser faire et laisser dire autour de lui; car, pour son compte, il dira et il fera, dans les colossales proportions de la masse à l'individu, de l'unité à la concurrence anarchique. Sans doute il y aura des abus attachés à cette institution comme à toute chose humaine; mais l'abus, qui est la suite de notre imperfection, vaut beaucoup mieux qu'un désordre absolu, qui est la négation même de l'intelligence et de la liberté. L'organisation d'une presse officielle entreprise aujourd'hui serait pour longtemps un progrès dans l'intérêt de tous; ce ne serait pas évidemment le terme final du développement intellectuel; mais les institutions sociales sont faites pour le temps, non pour l'éternité Et nous en sommes venus à ce point où il vaut beaucoup mieux s'inquiéter de la manière dont les dogmes commencent, que d'expliquer, devant le cadavre d'un régime ancien, *comment les dogmes finissent.*

D'ailleurs, dans les institutions du gouvernement représentatif, même aussi peu développées qu'elles le sont encore parmi nous, il y a des issues ouvertes au progrès et à l'innovation, telles que jamais la pensée humaine n'en a trouvées encore, et qui établissent, pour ainsi dire, solution de continuité entre la société moderne et les sociétés du moyen âge ou de l'âge antique. Ainsi l'esprit humain peut encore travailler tranquille à la recherche du vrai et du bien : quand la vérité frappera, il lui sera ouvert plus facilement que jamais, sinon elle recommencera ce saint combat où elle a toujours été victorieuse. Il ne faut pas qu'après avoir eu la force de briser les portes d'airain du temple antique, elle désespère de se faire ouvrir les portes mobiles et grillées à jour du parlement constitutionnel.

Toutefois, qu'on tienne compte de toute notre pensée, et que, pour avoir promptement raison contre nous avec tous les lieux communs du libéralisme négatif, on ne se donne pas le triomphe facile des fausses interprétations. Nous voulons un ordre spirituel complet, homogène, unitaire, formidable par des ressources de tout genre; mais c'est afin que la liberté soit *absolue* et sans autre contrôle que la liberté même. Autrement l'idée qui s'est présentée à nous ne serait plus qu'une velléité insensée de refaire le catholicisme sans les mystères, sans les miracles et sans l'enfer, qui a toujours été une pièce importante de ce grand mécanisme d'ordre et d'immobilité.

Certes, lorsque le public sera sûr d'un riche

approvisionnement intellectuel sur tous les points où sa sollicitude se puisse porter ; lorsqu'il recevra la parole officielle et directement responsable d'un corps organisé ; lorsque les travailleurs trouveront, pour leurs produits, une publicité gratuite sur les plus larges bases, et, pour leurs inventions, la possibilité d'un jugement motivé, il n'y aura plus place pour cette publicité commerciale qui a bouleversé aujourd'hui toutes les lois de la probité, du bon sens et de la bonne foi : c'est précisément ce ver rongeur dont la presse doit être débarrassée. Mais il y aura lieu toujours aux réclamations des partis, aux prétentions de progrès et d'amélioration : ici nous demandons le concours public avec des armes vraiment égales, et sans le *monopole multiple* des petites corporations usurpatrices qui, au nom de l'égalité et de la liberté, se sont attribué le droit de refuser la publicité, ou de la vendre, ou de ne l'accorder par grande faveur qu'à la pensée qui veut prendre leur livrée.

Donc, à côté de la PRESSE OFFICIELLE, la PRESSE LIBRE.

Que chaque parti ait son organe, chaque école ses chaires, chaque découverte ses partisans, chaque opprimé tous les citoyens pour défenseurs et pour appuis, rien de mieux. Mais, puisqu'on veut de la publicité, qu'on n'en veuille pas à demi. Que tous les associés d'une publication, rédacteurs, actionnaires, gérants, soient connus et officiellement constitués ; que la responsabilité de chaque article soit attribuée directement à son auteur ; que chaque centre de publicité soit administré en *personnel* comme en *matériel*, et puisse subir, au grand jour, le compte sévère de responsabilité morale qui lui sera demandé par la parole gouvernementale ; qu'enfin chaque journal, organe d'une opinion, s'en établisse le défenseur exclusif, et n'admette dans ses colonnes que la contradiction à l'opinion adverse ; que surtout il ne fasse plus commerce de sa *quatrième page*, sans parler de la première, de la seconde, et de la troisième. Alors la liberté de la presse ressemblera à la liberté de la pensée, et le journaliste à un homme voué au sacerdoce de la vérité, à un homme *ayant charge d'âmes*, comme l'a dit si heureusement l'un des journaux les plus honorables qui aient encore obtenu quelque influence dans la presse (1). Mais qu'on ne vienne pas appeler liberté, le triste spectacle que nous avons sous les yeux.

Il va sans dire qu'en tout ce qui a rapport à la PRESSE LIBRE, le gouvernement ne peut intervenir que pour punir des délits qualifiés, et qu'ici la réforme doit avoir lieu par les mœurs et par le mouvement spontané de l'opinion.

(1) M. Dubois, ancien député de la Loire-Inférieure, et l'un des fondateurs de l'ancien GLOBE.